DAS ABENTEUER-
FORSCHER-
CAMP

Eine Geschichte von Christian Tielmann
mit Illustrationen von Monika Parciak

Liebe Lehrkräfte, liebe Eltern,

für Erstklässlerinnen und Erstklässler beginnt nun das große Lese-Abenteuer: mit jedem Buchstaben, jedem ersten selbstgelesenen Text erobern sie sich die Welt eigenständig und erweitern ihren Wortschatz und ihr Wissen.

Dafür brauchen Kinder spannende und interessante Geschichten zum Selberlesen. Besonders naturwissenschaftliche Themen sind bei Grundschülerinnen und Grundschülern beliebt. Unterstützen Sie das Lesenlernen, indem Sie den Kindern abwechslungsreiche Geschichten anbieten.

Kinder erleben im Alltag Naturphänomene, die sie mit Begeisterung entdecken können. Gehen Sie mit den Kindern auf Forscherreise, entdecken Sie gemeinsam spannende Naturphänomene und lesen und sprechen Sie darüber mit ihnen!

Das MINT-Erstlesebuch „Das Abenteuer-Forscher-Camp" verbindet eine fesselnde Geschichte rund ums Forschen und Entdecken mit dem (Vor-)Lesen. Durch unterschiedliche Lesestufen können Erstleser sowie geübte Leser auch eigenständig die Geschichte lesen und sich im Forschen und Experimentieren ausprobieren.

Wir wünschen Ihnen anregende Lese- und Entdeckerstunden mit dem MINT-Erstlesebuch,

Ihr MINT-Geschichten-Team

Inhaltsverzeichnis

Ab auf die Insel!

Alina sitzt im  .

Tom und Matti sind auch dabei.

Die drei Freunde fahren zur  Ronau.

Dort findet ein Forscher-Wettbewerb statt.

Für neugierige  .

Das ganze Wochenende werden sie auf

der  sein.

Einen  , einen  , eine  ,

feste  und gute Laune sollen

sie mitbringen.

Alina hat alles in ihren  gepackt.

Nur die gute Laune nicht.

Die hat sie sowieso dabei.

Die  scheint zum herein.

Tom zieht seine 👓 auf die 👃 .

Die  hat grüne Gläser.

Matti hat ihre  mit den vielen Taschen an.

Die  ist wie ein  .

Lauter  und eine  hat Matti dabei.

Am  Seetal steigen die Freunde aus

dem  .

Den Rest müssen sie mit dem  fahren.

Denn die  Ronau liegt mitten im  .

Auf dem  sind noch andere  .

Die fahren auch zum Camp.

Drei  kennt Alina.

Das sind Ben und seine Freunde.

Ben glaubt, er wäre  .

Ben entdeckt Alina.

„Was macht ihr  denn hier?",

fragt er.

„Wenn ihr gewinnt, fresse ich einen  !"

Alina verdreht nur die   .

Tom guckt über den Rand seiner  .

Meint Ben das etwa ernst?

Matti holt einen  heraus.

„Was willst du denn damit?", fragt Ben.

„Ich will die  festziehen", sagt Matti.

Ben guckt wie ein  . „Welche  ?"

„Die, die du locker hast,

alter Angeber",

sagt Matti.

Auf der  werden sie schon erwartet.

Da stehen eine und ein .

Die heißt Lu.

Der heißt Arne.

„Herzlich willkommen", sagen Lu und Arne.

Sie leiten das Camp.

Sie teilen die  in Gruppen ein.

Alina ist mit Tom und Matti die grüne Gruppe.

Das findet Tom gut.

Denn seine  hat ja auch grüne Gläser.

Ben und seine Leute sind die rote Gruppe.

Es gibt auch eine gelbe und

eine blaue Gruppe.

Es wird drei Aufgaben geben.

Nur eine Gruppe kann gewinnen.

Aber vorher müssen sie ihre
aufbauen.

Ein  aufzubauen macht Matti Spaß.

Sie hat sogar einen  dabei.

Damit schlägt sie die

für das  in den Boden.

Alina legt die  auf einen 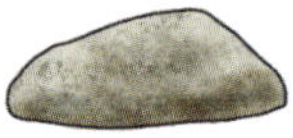 .

Tom und Matti probieren mit dem  aus,

was für Schattenbilder entstehen.

Alina hält Toms  ins Licht.

Die wirft einen grünen Fleck an die Wand.

Matti holt  und eine  aus ihrer  .

Schon bald haben die drei Freunde ein

Schatten-  an die Wand geworfen.

Das  -Bild ist der  , findet Alina.

Ben hält seine  ins Licht.

Rafi hat in einer 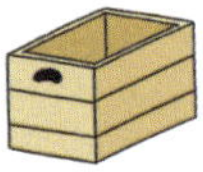 ein paar  gefunden.

Die halten Rafi und Lena unter Bens Frisur.

Jetzt sieht der Schatten aus wie ein  .

Der Schatten der blauen Gruppe sieht aus wie

ein  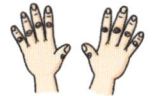 .

Die gelbe Gruppe hält die  ins Licht.

Der Schatten sieht aus wie ein oder ein   .

Die Kinder finden in der einen   .

Damit sieht der Schatten aus wie ein   .

Lu möchte mit ihrer  ein Foto

von allen Bildern machen.

Aber der  ist viel größer als das  .

Die  probieren aus,

ob sie die Schattenbilder in der

größer und kleiner machen können.

Endlich passen alle auf ein Bild.

Alina findet das toll.

Am liebsten würde sie es mitnehmen.

Aber das geht ja nicht. Oder doch?

Das  könnte ein tolles Maskottchen sein.

Für die grüne Gruppe.

Ein  mit grünen  .

Die Idee finden auch die anderen  gut.

Nur Ben schüttelt den Kopf.

„Das geht nicht", sagt er. „Einen Schatten

kannst du mit keiner 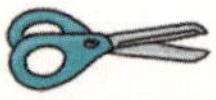  ausschneiden!"

Aber Tom hat eine Idee.

Er holt ein großes aus der .

Er klebt das mit an der Wand der

fest.

Jetzt nimmt er einen dicken und malt

den Umriss des nach.

Am Ende schneidet er diesen Umriss aus.

Das machen die anderen auch mit ihren

Maskottchen.

So können alle ihre Maskottchen aus der

mitnehmen.

Vor der  ist es viel heller.

Tom setzt seine  wieder auf.

Auch Alinas 👁 👁 müssen sich erst an das Licht

gewöhnen.

Das ausgeschnittene kleben sie

auf eine Pappe.

Die Pappe kleben sie an einen 🪵 .

„Wir sind nicht mehr die grüne Gruppe", sagt Matti.

„Wir sind die  !"

Ben, Lena und Rafi haben den 🌋

auch auf ein ▢ gemalt.

Mit einer ✂ haben sie den 🌋 ausgeschnitten.

„Und wir sind die 🌋🌋 ", sagt Ben.

Auch die gelbe und die blaue Gruppe geben sich

neue Namen.

Sie heißen jetzt 🦄-Gruppe und 🚢 -Gruppe.

Als die 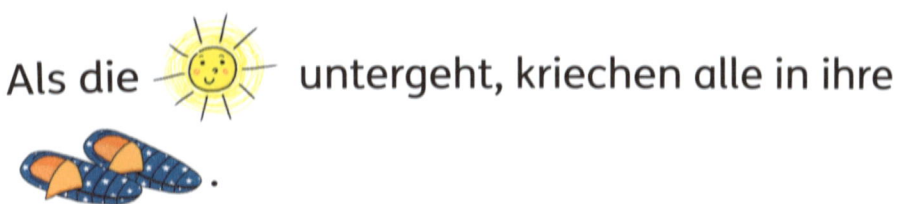 untergeht, kriechen alle in ihre

 .

„Diese Aufgabe habt ihr alle bestanden!", sagt Lu.

„Dann schlaft gut, ihr  ,  und ihr

 und  !", sagt Arne.

So eine Nacht im  findet Alina super.

„Ein   ist aber besser als ein  !", ruft Ben

aus dem Nachbar- .

Manchmal geht Ben Alina ganz schön auf den .

Zelt

Zelte

Hammer

Heringe

Berg

Höhle

Stifte

Stein

Finger

Monster

Hammer

Haare

Kiste

Papier

Vulkan

Vulkane

Hände

Pferd

Esel

Stift

Einhorn

Einhörner

Kamera

Schere

Klebefilm

Filzstift

Stock

Wecker

MACH MIT Bau dein eigenes

Schattenmonster

Schattenmonster kannst du auch an die Wand

werfen. Du brauchst:

- 2 Taschenlampen

- einen abgedunkelten Raum

- eine weiße Wand

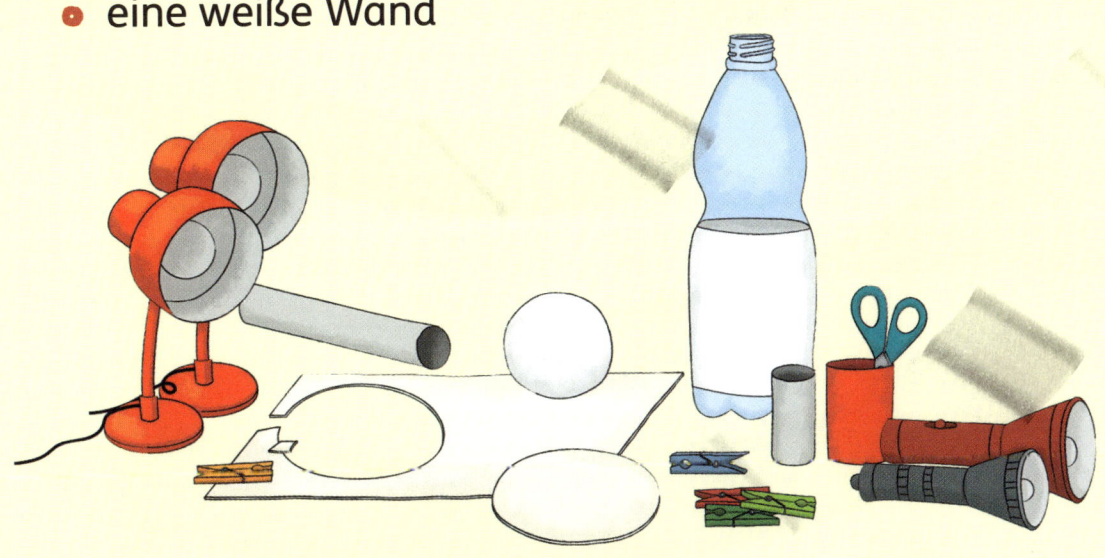

Was für Monsterschatten kannst du an die Wand

malen? Probier es aus!

Die Schatten von zwei Monstern können gleich groß sein. Obwohl die Gegenstände, die diese Schatten werfen, nicht gleich groß sind. Wie geht das?

Probier es aus!

Kannst du auch Zwillingsmonster an die Wand

werfen? Wie gehst du vor?

Und welche Schattenbilder fallen dir noch ein?

MACH MIT

Erfinde eine Geschichte

Denk dir doch mal eine spannende Handlung aus und finde dazu passende Schattenbilder. So kannst du deine eigene Geschichte erzählen. Wenn du mit Freunden das Ganze filmst, macht ihr euren eigenen Kinofilm aus Schattenbildern!

Forscher-Frühstück

Alina wacht schon früh auf.

Heute gibt es wieder eine Aufgabe.

Was sich Lu und Arne wohl ausgedacht haben?

Auch Tom und Matti sind schon wach.

Die drei Freunde stehen auf.

Das Frühstück gibt es im Haus.

Aber der Tisch ist noch nicht gedeckt.

Lu ist nicht da. Sie holt Brötchen.

Arne ist oben im Haus.

Er packt eine Kiste für die

nächste Aufgabe.

In der Küche finden die Kinder Teller und Becher.

Die Freunde decken schon mal den Tisch.

Aber von Lu fehlt noch immer jede Spur.

Und Brötchen und Butter sind auch nicht da.

Alina wird langweilig.

Sie legt einen Teller auf einen Becher.

Auf den Teller stellt sie noch einen Becher.

Plötzlich taucht Ben auf.

„Na, baust du schon das Podest?"

Ben grinst.

Alina kapiert nicht, was er meint.

Ben zeigt auf den kleinen Turm,

den sie gestapelt hat.

„Da oben werden die Vulkane sitzen!

Das wird unser Sieger-Thron."

Matti verdreht die Augen.

„Oh Ben, musst du immer so angeben?"

Alina zwinkert Matti unauffällig zu.

„Stimmt genau, Ben", sagt sie.

„Auf diesem Thron werden die Vulkane sitzen."

Ben lacht. „Na, endlich hast du es kapiert!

Ich bin eben ein

geborener Sieger!"

Auch die Schiffe und Einhörner kommen.

„Guckt mal, das hier wird der Thron von Ben",

sagt Matti.

Alina und Tom drehen Ben den Rücken zu.

So kann er nicht sehen, was sie machen.

Ben schneidet einen kleinen Vulkan

aus Pappe aus.

Den setzt er oben auf den Becher-Teller-Thron.

Alina und Tom kichern leise.

Sie bauen einen Turm!

Der ist viel, viel höher als

der Thron, auf dem der

Vulkan sitzt.

„Und das hier wird der Monster-Platz, Ben!",

rufen sie, als sie fertig sind.

Jetzt sieht es aus,

als wären die Vulkane auf dem letzten Platz!

Ben klappt den Mund auf.

„Na warte!", knurrt er.

Ben holt Rafi und Lena.

Gemeinsam schleppen sie

Töpfe und Bratpfannen aus der Küche.

Aus denen bauen sie noch einen Turm.

Der ist viel höher als Alinas.

„Das wird unser Platz! Platz 1!", sagt Ben.

Plötzlich wackelt Rafi an dem Tisch,

auf dem der Turm von Alina und Tom steht.

„Hoppla!", sagt er.

Der Turm stürzt ein.

„Oh, oh, nun sind die Monster abgestürzt!"

Rafi grinst und Ben lacht. „Letzter Platz für euch!"

Aber Alina lässt sich nicht ärgern.

„Danke fürs Abreißen, der war sowieso noch nicht

fertig!"

Jetzt beginnen auch die Schiffe und Einhörner,

Türme zu bauen.

Alina und Matti füllen die Becher diesmal mit

Wasser.

„Dann ist der Turm vielleicht stabiler", sagt Alina.

„Und Rafi traut sich nicht mehr,

ihn umzuwerfen", sagt Matti.

Plötzlich schreit Rafi: „Achtung! Lu und Arne

kommen!"

„Sollen wir schnell aufräumen?", fragt Tom.

Aber Alina hat eine bessere Idee.

„Wir könnten doch eine Aufgabe

für Lu und Arne daraus machen."

Sie flüstert den anderen ihren Plan zu.

Die Idee finden alle gut. Sogar Ben.

Arne und Lu kommen in den Frühstücksraum.

Lu hat Brötchen und Butter geholt.

Arne ist auch endlich fertig mit seiner Kiste.

Sie sehen die Türme.

Arne runzelt die Stirn.

„Also, langweilig war euch wohl nicht."

„Jetzt müssen wir aber Frühstück machen,

denn auf euch wartet eine tolle Aufgabe", sagt Lu.

Sie wollen die Türme schon aus dem Weg räumen.

Aber Alina sagt: „Moment!

Wir haben eine Aufgabe für euch:

Schafft ihr es, mit einer Handbewegung

jeden Turm zum Einstürzen zu bringen?"

Dieser Aufgabe stellen sich Arne und Lu sofort.

Als Lu an den Becherturm geht,

will Alina die beiden noch warnen:

„Passt auf, in den Bechern ..."

Lu hat schon einen Becher herausgezogen.

Der Turm wackelt, aber er stürzt nicht ein.

Alina redet schnell weiter: „... ist zum Teil ..."

Aber weiter kommt sie nicht. Arne zieht einen

Becher aus dem Turm. Der Becherturm

stürzt ein.

Alina vollendet ihren Satz mit dem Wort:

„Wasser."

„Stimmt!", sagt Arne.

Er ist ganz schön nass geworden.

Aber schlimm findet er das nicht.

Schließlich ist ja Sommer.

„So was passiert eben bei einem Forscher-

Frühstück!", sagt Arne und lacht.

MACH MIT  Bau deinen eigenen Turm

Türme kannst du aus vielen verschiedenen

Materialien bauen.

Wie wird dein Turm stabil? Wenn er unten breiter ist

als oben? Oder gerade umgekehrt?

Vielleicht steht dein Turm besonders gut, wenn du

das Baumaterial fest verbindest.

Probier's doch mal mit Kleber

oder Knete – oder was fällt

dir noch ein?

Kann man auch aus

getrockneten Blättern

kleine Türme

bauen?

MACH MIT  Spiel mit Wörtern

Im Wortsalat hat sich ein Wort versteckt, das nichts mit Türmen zu tun hat. Findest du es?

Turmzimmer Treppe
Turm
Steine hoch
umfallen
stabil
Wurm

Fallen dir noch mehr passende Wörter für den Wortsalat zum Turm ein?

LÖSUNG: WURM

41

Was rappelt da?

Endlich gibt es die neue Aufgabe.

Alina ist schon ziemlich gespannt.

Auch die anderen aus der Monster-Gruppe sind

aufgeregt.

Lu und Arne öffnen die Kiste mit dem Material.

Darin sind Gläser, Wollfäden, Pappe, Holzstöckchen.

Alina entdeckt ein paar Schläuche.

Tom findet einen Trichter und einen Eimer.

Auch Klebeband, Draht und Schrauben liegen

in der Kiste.

Was sollen sie damit anfangen?

„Müssen wir jetzt Müll sortieren?", fragt Ben.

Auch die anderen haben keine Ahnung,

was sie tun sollen.

„Gestern ging es um Licht und Schatten.

Da gab es für euch was zu sehen", erklärt Lu.

„Heute geht es um die Ohren!", sagt Arne.

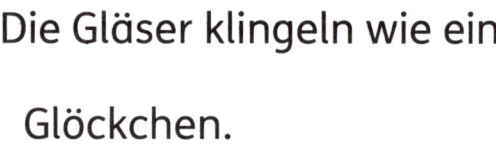

Arne stößt zwei Gläser aneinander.

Die Gläser klingeln wie ein

Glöckchen.

Lu stößt die beiden

Blecheimer aneinander.

Das scheppert.

„Gestern habt ihr euch Maskottchen gebaut",

sagt Lu.

„Heute sollt ihr euch ein

Geräusch dazu suchen."

Alina betrachtet den Kram

auf dem Tisch.

„Können wir auch Sachen

zusammenschrauben?", fragt Matti.

„Na klar!", sagt Lu. „Ihr dürft richtige Instrumente

bauen."

Ben schnappt sich einen dünnen Schlauch.

Den wirbelt er durch die Luft.

Dabei kommt kein Geräusch raus.

Er nimmt einen dickeren, biegsameren Schlauch.

Ben wirbelt ihn

schneller und

schneller.

Ein Pfeifton entsteht.

„Wir sind Erster!",

ruft Ben. „Haben wir

gewonnen?"

Arne lacht.

Die Gruppen haben richtig viel Zeit.

Bis zum Mittagessen dürfen sie Sachen

ausprobieren.

Ben ist trotzdem schon fertig.

„Der Pfeifton ist unsere

Sirene", sagt er.

„Die warnt uns, falls der

Vulkan ausbricht",

sagt Rafi.

Tom nimmt ein anderes

Stück Schlauch.

Er hat schon einmal

Trompete gespielt.

Das probiert er jetzt auch mit dem Schlauch.

„Klingt wie ein Pups", sagt Matti.

Alina steckt einen Trichter ans andere Ende des

Schlauchs.

Sie kleben den Trichter am Schlauchende fest.

Tom bläst noch einmal. Der Ton hört sich nun

anders an.

„Jetzt klingt es wie ein knackiger Monsterpups",

sagt Matti.

Die Einhörner möchten ein Saiteninstrument bauen.

Sie nehmen ein Brett. Sie hämmern oben und unten

jeweils drei Nägel in das Brett.

Zwischen den Nägeln spannen sie drei Wollfäden.

Aber als die Einhörner an den Fäden zupfen,

kommt kein Ton raus.

„Die müssten vielleicht strammer sein",

überlegt Alina.

Die Einhörner nehmen ganz feine Gummibänder.

Jetzt klingt ihr Instrument.

„Das sind Glitzer-Töne", sagen die Einhörner.

Aber das Geräusch ist sehr leise.

Die Einhörner klemmen ein leeres Marmeladenglas

unter die Gummisaiten.

Jetzt ist die Glitzermusik lauter.

„So klingt es, wenn die Einhörner ihre Mähnen

schütteln."

Die Schiffe legen Nägel und Schrauben

in ein leeres Marmeladenglas.

Das Geräusch soll wie Meeresrauschen

oder Regen klingen.

Aber es rappelt nur. Dafür ziemlich laut.

Sie nehmen Reis statt der Nägel.

Jetzt hört es sich an wie eine leise Rassel.

„Das ist viel zu leise", finden die Schiffe.

Da haben sie eine Idee!

Sie probieren es mit einer langen Pappröhre.

Die kleben sie unten zu und füllen Reis hinein.

Durch die Pappe stechen sie kreuz und quer Nägel.

Sie kleben die Röhre auch oben zu – und schütteln sie.

Jetzt klingt es wirklich wie rauschendes Wasser,

wenn die Reiskörner auf die Nägel prasseln.

Lu und Arne sind begeistert von den Instrumenten.

„Seid ihr bereit für die zweite Aufgabe?", fragt Lu.

Aus jeder Gruppe muss sich jetzt einer verstecken.

Wer sich versteckt, bekommt das Instrument.

Mit dem Geräusch soll er die anderen aus seiner

Gruppe anlocken.

„Ihr habt zwei Minuten Zeit, dann sollt ihr alle

wieder beieinander sein!", sagt Arne.

Tom versteckt sich für die Monster.

Er nimmt die Monstertrompete mit.

Ben versteckt sich für die Vulkane.

Auch aus der Schiff-Gruppe und der Einhorn-Gruppe

versteckt sich jeweils ein Kind mit dem Instrument.

Lu holt die anderen Kinder hinter

dem Haus ab.

Alina guckt sich suchend um.

Tom ist weg.

Auch Bens wilde Frisur sieht sie nicht.

Und sogar das lange Rohr der Schiff-Gruppe

ist wie vom Erdboden verschluckt.

Die Geräusche machen sie noch nicht.

Arne hat eine Stoppuhr in der Hand.

Er sagt: „Auf die Plätze, fertig, los!"

Als er „Los!" sagt, schlägt Lu zwei Topfdeckel

gegeneinander.

Das Scheppern ist der Startschuss.

Jetzt hören sie die Instrumente der anderen Kinder.

Den Monsterpups hört Alina sofort.

Auch Matti flitzt los.

Aber plötzlich ist sich Alina nicht mehr sicher.

Kommt das Geräusch von links?

Oder ist das der heulende Schlauch von Ben?

Die Vulkane sind auch unsicher.

Die Schiffe haben es besonders schwer.

Denn das Wasserrauschen der Pappröhre ist leise.

Alina läuft ein paar Meter nach links.

Aber das Geräusch der Monstertrompete wird leiser.

Jetzt hört sie es genau.

Auch Matti weiß auf einmal, wo sich Tom

versteckt hat.

Sie laufen bis zu ihrem Zelt.

Da ist Tom!

Die Vulkane schaffen es in zwei Minuten,
Ben zu finden.

Er hatte sich hinter einem Baum versteckt.

Auch die Schiffe und Einhörner entdecken
Tom.

Aber ihre eigenen Leute sind zu gut
versteckt.

Oder die Geräusche sind zu leise.

Sie bekommen trotzdem einen
Punkt.

Schließlich haben sie schöne
Instrumente gebaut.

Die Monster und
die Vulkane
bekommen zwei
Punkte.

Denn sie haben einander auch mit den

Geräuschen gefunden.

„Jetzt kommt schon die letzte

Aufgabe. Das große Finale",

sagt Lu.

„Im Finale zählen die Punkte

doppelt", erklärt Arne.

Darum haben auch die

Schiffe und Einhörner noch

eine Chance auf den Sieg.

Alina schwitzt. Ob sie

gewinnen

werden?

MACH MIT ✂ Bau dein eigenes Instrument

Nimm dir eine Pappe und einen Stift. Jetzt hör auf deine Umgebung und male alles auf die Pappe, was du hörst. Welche Geräusche klingen angenehm? Und welche eher unangenehm? Wie würdest du die Geräusche beschreiben?

Mit einer Büroklammer kannst du ein Geräusch erzeugen, das ganz leise ist. Mit einer Gabel kann man laute Geräusche machen.

Findest du andere Gegenstände, mit denen du leise oder laute Geräusche machen kannst?

Natürlich machen auch Musik-

instrumente Geräusche.

Du kannst sie selbst bauen.

Aus dem Material auf dem Bild bastelst du zum

Beispiel ein prima Zupfinstrument. Aus einem

Luftballon wird ganz leicht ein quietschendes

Blasinstrument. Kriegst du verschiedene Töne aus

dem Luftballon? Dir fallen bestimmt noch viele

andere Möglichkeiten ein! Probier's einfach aus!

MACH MIT Sammle
Geräusche

Welche unterschiedlichen

Geräusche hast du heute schon gehört?

Wie hast du diese empfunden – angenehm oder

unangenehm? Mach die Geräusche selber nach.

Die letzte Aufgabe

Vor dem großen Finale erkunden Alina, Tom und Matti die Insel. Hinter der Höhle führt der Weg am schmalen Flüsschen entlang den Berg weiter hinauf. Die drei Freunde müssen über einige Äste und Zweige steigen.

Von der Spitze des Berges haben sie einen schönen Blick auf die Insel Ronau.

Alina breitet die Arme aus. Sie würde am liebsten mit dem warmen Sommerwind wegfliegen.

Im Camp wartet die letzte Aufgabe auf sie.

Und nicht nur die. Leider wartet auch Ben.

„Der Angeber geht mir echt auf die Nerven!",

sagt Matti.

Vor den Zelten stehen die Vulkane.

Ben lacht.

Er glaubt, dass er gewinnen wird.

„Ganz sicher!", sagt Ben.

Warten wir es ab,

denkt Alina.

Für die letzte Aufgabe laufen sie ein Stückchen. Lu und Arne haben auf einem Bollerwagen eine Kiste mit Material. Aber sie zeigen nicht, was darin ist. Sie gehen zum Flüsschen. Links und rechts vom Ufer stehen Kletterbäume.

„Hier fehlt eine Brücke", sagt Lu.

„Ach was, das Wasser ist gar nicht tief", meint Rafi.

Die Kinder der Schiff-Gruppe ziehen die Schuhe aus und stellen sich ins Wasser. Es reicht ihnen nur bis zum Knöchel.

„Trotzdem ist hier eine super Stelle für eine Brücke", sagt Arne. „Das ist die Aufgabe: Baut eine Brücke. Ihr müsst alle

einmal über die Brücke und wieder zurück zu uns laufen, ohne ins Wasser zu stürzen. Die Gruppe, die das zuerst schafft, hat gewonnen."

Lu öffnet die Kiste.

Darin liegen Seile und eine Schachtel mit dicken Nägeln.

Auch ein paar Hämmer sind dabei.

Arne gibt das Kommando: „Und los geht's!"

Ben, Rafi und Lena springen sofort
auf und sammeln Steine am Ufer.
„Schneller, schneller, Leute!", feuert Ben
seine Freunde an. Anscheinend haben sie
schon einen genauen Plan, den sie gar nicht besprechen
müssen. Die Einhörner bauen eine Hängebrücke. Sie
spannen zwei Seile über den Bach. Die Seile befestigen sie
an dicken Ästen, die sie an den Ufern in den Boden stecken.
Die Schiffe machen erst eine Zeichnung. „Wir brauchen
Holz", sagt Alina.

Alina, Tom und Matti laufen los.
Sie suchen besonders lange Stämme.
Oben an der Höhle finden sie welche.
Sie tragen einen Stamm den Berg runter.

Die Vulkane werfen immer mehr Steine ins Wasser.

Die Monster legen ihre Holzstämme von einem Ufer
zum anderen.

Die langen Stämme der Monster sollen nur die unteren
Träger der Brücke werden.

Aber da gibt es ein großes Geschrei bei den Einhörnern.

Ihre Hängebrücke ist eingestürzt.

„Noch mal von vorn!", sagen die Einhörner.

Die Schiffe wollen eine Schiffsbrücke bauen.

„Wir bauen drei Schiffe. Die

legen wir im Fluss vor Anker

und dann springt man

von Schiff zu Schiff!"

Lu findet die

Idee toll.

„Dann mal los,

Leute", sagt Lu.

Aber die Schiffe haben

bisher nur eine Zeichnung!

Alina, Tom und Matti spannen Seile von ihren Stämmen zu den Bäumen am Ufer. Das sieht richtig stabil aus und wie eine echte Hängebrücke. Nur fehlen eben noch die Bretter für den Weg in der Mitte.

„Ach, ich geb's auf!", ruft eins der Einhörner.

„Wir haben doch eh keine Chance mehr!"

Aber da kommen die Schiffe zu ihnen. „Wir verlieren sowieso, da können wir euch auch helfen."

Jetzt geht es bei den Einhörnern wirklich schnell vorwärts.

Sie spannen ein Seil über den Bach.

Tom ist im Wald verschwunden. Er sucht Baumaterial.

Die Zeit wird knapp für die Monster.

Da hören sie den Monsterpups.

Der kommt aus dem Wald!

Das war ein Signal von Tom.

Alina und Matti rennen zu ihm.

Tom hat einen Stapel alter Bretter gefunden.

Die können sie super gebrauchen!

Alina, Tom und Matti schwitzen. Ein Brett nach dem anderen schleppen sie an den Fluss und legen sie als Weg über ihre Brückenstämme.
Die Brücke schwankt ein bisschen. Aber alles hält! Alina muss höllisch aufpassen, dass nichts verrutscht. Denn sie haben die Bretter noch nicht festgenagelt.
Da passiert es. Ein Brett bricht durch.

Das Brett fällt ins Wasser.

Alina fällt auch ins Wasser.

Sie stößt sich an einem Stein.

Und sie ist patschnass.

Alina spürt eine kräftige Hand, die ihr hochhilft.

Alina guckt in das Gesicht. Das Gesicht von Ben! Warum hilft der ihr? Tom und Matti sind noch beim Bretterstapel im Wald, sie haben gar nicht mitgekriegt, was passiert ist.

„Kannst du aufstehen? Ist alles okay?", fragt Ben.

„Ja, alles klar", sagt Alina. „Danke, Ben!"

„Ben! Hilfe!", ruft Rafi von der Steinbrücken-Baustelle. Ein Stein, den er zusammen mit Lena rollen wollte, droht auf ihn zu purzeln.

Ben rennt durchs Wasser zurück.

Als Alina sieht, wie sehr Rafi und Lena unter der Last des dicken Felsbrockens schwitzen, rennt auch sie hinüber.

Auch Tom und Matti sehen, was los ist.

Sie springen sofort ins Wasser.

Zu sechst schaffen sie es:

Sie rollen den Stein an die richtige Stelle.

„Fertig!", sagt Ben.

„Aber das ist doch nur eine halbe Brücke",
sagt Alina.

Die Steine, die Ben und seine Freunde im Fluss
aufgeschichtet haben, reichen wirklich nur bis
zur Mitte des Flusses. Genau über dem großen
Brocken, den sie zu sechst bewegt haben, ragt
ein dicker Ast vom Kletterbaum des anderen
Ufers herüber.

„Ich zeig's dir gleich", sagt Ben.

Vorher haben er und seine Vulkane aber
noch was vor.

„Los, Leute, packt mit an!"

Ben, Rafi und Lena

helfen Alina, Tom

und Matti.

Sie nageln die letzten

Bretter auf der Brücke fest.

Die Brücke sieht super aus.

Ob sie auch hält?

Ben und seine Freunde rennen auf ihre Steinbrücke.

Die Vulkane laufen bis zu dem dicken Felsbrocken.

Dann strecken sie die Hände aus. Sie kriegen den Ast des Kletterbaums zu packen. Nun hangeln sie sich den Rest des Weges wie Affen am Ast entlang. Das schaffen alle drei. Hin und her.

Alina und Matti sind inzwischen auch schon über ihre Brücke gelaufen. Fehlt nur noch Tom!

Aber der steht mit offenem Mund da und schaut zu, wie Lena sich am Ast zurück auf die Steinbrücke hangelt.

„Tom! Lauf!", ruft Matti.

Endlich läuft Tom über die Brücke. Die Brücke der Einhörner wird da gerade erst fertig.

Lu und Arne gratulieren.

„Mensch, war das spannend!"

Alle starren Lu und Arne an.

Wer hat denn nun gewonnen?

MACH MIT  Bau deine eigene Brücke

Du kannst eine kleine Brücke auch aus Papier und

Bindfaden bauen.

Für die Papierbrücke

brauchst du:

- 4 Blätter Papier;

- zwei Stücke Wollfaden;

- ein paar Streifen Klebefilm.

Wenn du die Papierblätter zusammenrollst, klebst

und aneinanderbindest, entsteht eine ziemlich

stabile Brücke!

Und welche

Brücken fallen

dir selbst noch ein? Eine Brücke aus Stiften?

Oder aus Knete?

MACH MIT Finde Reimwörter

Auf das Wort „Brücke" reimen sich viele andere

Wörter.

Zum Beispiel: „Stücke", „Krücke" oder „Lücke".

Findest du noch mehr Reimwörter?

Mit Reimwörtern kannst du Sätze bauen.

Zum Beispiel:

„Auch mit Lücken können Brücken glücken."

Oder du reimst Sätze mit sehr vielen Reimwörtern,

dafür aber ohne Sinn. Zum Beispiel:

„Können Mücken

Brücken mit

Krücken

schmücken?"

Das Finale

ALLE WARTEN AUF DAS ERGEBNIS. WER HAT DENN NUN GEWONNEN?

HÄNGE-BRÜCKE,

...ODER HANGEL-BRÜCKE?

EINHORNBRÜCKE...

HOFF, BIBBER…

…DRÜCK, DRÜCK…

IHR HABT DAS TOLL GEMACHT!

ALLE GRUPPEN!

ABER NUR EINE GRUPPE HAT GEWONNEN.

DENN WELCHE BRÜCKE WAR ZUERST FERTIG UND…

…BEI WELCHER GRUPPE SIND ALLE MITGLIEDER ZUERST ÜBER DIE BRÜCKE GEGANGEN?

GEWONNEN!

ALINA, BEN UND MATTI LASSEN DIE KÖPFE HÄNGEN. ES WAR SO KNAPP.

VERLOREN...

Auf www.mint-geschichten.de finden Sie didaktische Anregungen sowie Leseempfehlungen passend zum Buch „Das Abenteuer-Forscher-Camp".

Naturwissenschaften im Alltag zu entdecken und sie im Sachunterricht zum Thema zu machen, ist für Kinder wie Lehrkräfte spannend. In der Forscherstation finden Sie dazu spezielle Fortbildungen für **Grundschullehrkräfte**. Sie können sich dort mit naturwissenschaftlichen Themen auseinandersetzen und lernen didaktische und methodische Umsetzungsmöglichkeiten kennen. www.forscherstation.info

Lesen lernen ist ein spannendes Abenteuer. Diesen Prozess unterstützt die Stiftung Lesen mit vielen Ideen, Impulsen und Unterrichtsmaterialien, die über das Lesen hinaus Kinder ganzheitlich fördern. Lehrkräfte, die unsere Angebote nutzen möchten, sind herzlich eingeladen, sich im Lehrerportal der Stiftung Lesen, dem **Lehrerclub**, anzumelden. Der Service ist kostenlos. www.derlehrerclub.de

Eltern können die Neugierde und den Forscherdrang ihrer Kinder unterstützen, indem sie mit ihnen gemeinsam regelmäßig Geschichten entdecken. Jede Woche finden Sie neue Geschichten kostenlos auf www.einfachvorlesen.de

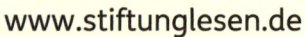

www.stiftunglesen.de   www.forscherstation.info

© 2020 by Carlsen Verlag GmbH,
Völckersstraße 14–20, 22765 Hamburg
Lektorat: Steffi Korda, Büro für
Kinder- & Erwachsenenliteratur, Hamburg
Gestaltung und Herstellung: Rafaela Nimmesgern, Hamburg
Lithografie: ReproTechnik Fromme, Hamburg
ISBN 978-3-551-06431-8
www.carlsen.de